TAEKWON-DO

POOMSE

LEICHT GEMACHT

authorHOUSE®

AuthorHouse™
1663 Liberty Drive
Bloomington, IN 47403
www.authorhouse.com
Phone: 1-800-839-8640

First published by AuthorHouse   11/08/2011

ISBN: 978-1-4678-8562-1 (sc)

Printed in the United States of America

This book is printed on acid-free paper.

INHALT

DANKSAGUNGEN

Ich danke meinen Trainern:

- Meinem ersten Trainer - Meister Kwok Wan, 7. Dan WTF (London)
- Meinem 1. Dan - Meister Shin Jang Hwan, 9. Dan WTF (Wicn)
- Meinem 2. Dan - Meister Yoon Dongil, 6. Dan WTF (Wien)
- Meinem 3. und 4. Dan - Meister Nobert Mosch (Dr.), 8. Dan WTF (Wien)

Hana

Dul

Set

Net

Dasot

Yasot

Ilgub

Yodol

Ahob

Yol

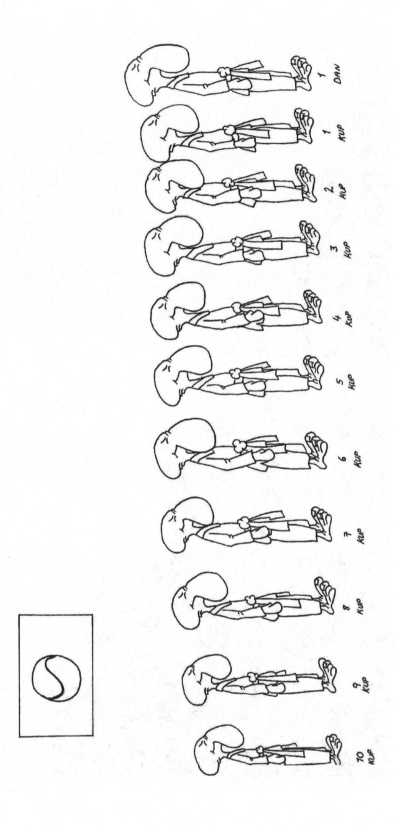

PROLOGUE

Vor gar nicht langer Zeit, da kam im Afrika, weit, weit weg, ein Bug zur Welt. Bug wurde größer und war schließlich mit 3 Jahren ein erfahrener und begabter Jäger.

Bug jagte begeistert Insekten und wilde Tiere, sogar Esel, fing er ein, und verkaufte sie alle für bares Geld an die Konservenfabrik in der Hauptstadt Khartum, die Fleisch verarbeitete. Eines schönen Tages hatte Bug das Glück, gleich drei Esel zu fangen und viele wunderliche Insekten, und so fuhr er zur Fabrik, um gute Geschäfte zu machen. Während er dort war, ging er in ein Gasthaus und bestellte Gemüse, das seine Leibspeise war. Im Fernsehen zeigte man gerade ein Programm über Australien, das sehr schöne Bilder von ganz sonderbaren, komischen Tieren hatte, die „Koala" heißen. Für Bug was es Liebe auf den ersten Blick, und er entschied sich, so ein Tier müsste er unbedingt zum Kuscheln und Verwöhnen haben.

Bug ging sofort zurück in die Wüste und packte seine Sachen, nämlich drei Insekten, einen Stab und seinen Kamm, und machte sich auf zum nächsten Flugplatz. Er kaufte eine Spezialflugkarte mit Zwischenstopp in Österreich, wo Bug einige Tage verbleiben wollte um Freunde zu besuchen. Als er gerade zwei Tage in Wien war, erhielt Bug plötzlich eine Einladung von einigen alten Freunden aus Deutschland, die er vor langer Zeit in der Wüste kennen gelernt hatte.

Bug fuhr per Zug nach Köln in Deutschland, wo seine sonderbaren Freunde lebten. „Ich werde an der Universität London studieren" sagte einer von ihnen. Dies klang so interessant, dass Bug sich entschied, die Reise zu den Koalas aufzuschieben, und anstatt nach Australien zu fliegen, ging es in Richtung England, wo Bug ein Intellektueller werden wollte.

England ist gar nicht weit von Deutschland und in kürzester Zeit war Bug in London und wurde sofort ein Student an der dortigen Universität. Eines schönen Tages besuchte Bug das Sportzentrum der Universität um Squash zu spielen, denn Bug wollte fit sein und fit bleiben. Jedoch, als er sich im Zentrum umsah, bemerkte er viele Leute, die alle in weiße Pyjamas gekleidet waren und um die Mitte trugen sie Gürtel in verschiedenen Farben. Bug wunderte sich, was diese Leute hier im Sportzentrum wohl machen.

Plötzlich trat der „Meister" in den Saal und alle reihen sich ein und standen dort wie bei der Armee. Dann sah Bug ganz sonderbare Sachen: der Meister, der gar nicht groß und auch nicht stark aussah, konnte unglaubliche Dinge machen. Er konnte sehr hoch mit dem Fuß stoßen, er konnte sehr hart zuschlagen, er konnte auch hoch in die Luft springen und er konnte sogar nach hinten stoßen. Er konnte Holz zerbrechen und er konnte gleichzeitig springen und stoßen. Nicht nur dies, er konnte in alle Richtungen stoßen und schlagen, aus allen möglichen Stellungen, und er konnte rückwärts sehen!!!

Bug wusste sofort, dass er für sich den richtigen Sport gefunden hatte, und er sagte zum Meister: "I want, I want" (denn Bug spricht natürlich auch English), nämlich „Ich möchte … ich will ...". Der Meister sah Bug an und sagte: „Ja O.K., aber Du musst zuerst Deine Poomse lernen ... 1., 2., 3. …"

TAEKWONDO – EINE EINFÜHRUNG

Taekwondo ist eine alte Kampfkunst aus Korea, die bis das Jahr 50 v.Chr. zurückgeht. Übersetzt, bedeutet „Tae" stoßen (Fuß- bzw. Beintechnik), „Kwon" bedeutet mit der Hand oder Faust schlagen (Handtechnik) und „Do" heißt der Weg. In Taekwondo, dominieren verschiedene und kraftvolle Beintechniken, die Taekwondo von anderen Kampfsportarten aus dem Orient unterscheiden. Es werden Ausdauer, Schnelligkeit und Technik trainiert, wobei die Bewegungen sowohl in geraden Linien als auch fließenden runden Linien ausgeführt werden.

In der Geschichte hat Taekwondo seinen Ursprung als unbewaffnete Kampfweise und Form der Selbstverteidigung aus der Zeit als Korea in drei Königreiche unterteilt war, nämlich Silla, Paekje und Koguryo. Taekwondo erschien zuerst im Königreich Koguryo (37 v. Chr. – 688 n. Chr.), wo eine Elite, genannt Son Bae, treue und begeisterte Krieger stellte. Jedoch war es der Kriegeradel des Königreichs Silla, die sogenannten Hae Rang (57 n. Chr. – 935 n. Chr.), die für die Ausbreitung des Taekwondo verantwortlich waren. „Hwa Rang Do" war sowohl eine militärische, erzieherische und auch soziale Organisation. Während der Koryo Dynastie (935 – 1392) wurde Taekwondo als Subak bekannt und entwickelte sich hauptsächlich zu einem Kampfsport mit verfeinerten und verbesserten Techniken. Während der Yi Dynastie (1392 – 1910) wurden Kampfsportarten nicht gefördert, auf Grund von politischen Konflikten wurden sie aber in der breiten Bevölkerung beliebt. Während der japanischen Besetzung von Korea (1910 – 1945) waren Taekwondo und andere Kampfsportarten den Koreanern verboten. Als der Krieg in Korea 1953 beendet wurde, normalisierte sich das kulturelle und soziale Leben und Taekwondo wurde wieder populär und weiterentwickelt.

Taekwondo heute:

Ursprünglich wurden verschiedene Namen verwendet um Taekwondo zu beschreiben, nämlich Taek Gyeon, Soo Bak Do, Kong Soo Do, Tang Soo Do und andere mehr. Im Jahr 1961 wurde die Tae Soo Do Vereinigung gegründet, die 1965 ihren Namen auf Koreanische Tae Kwon Do Vereinigung umänderte. Das ersten Vorsitzenden der Koreanischen Taekwondo Association (Vereinigung) sandten Lehrer und Vorführungsgruppen in die ganze Welt und begannen auf diese Weise die Kunst des Taekwondo international, auf jedem Kontinent bekannt zu machen.

Im Jahr 1973 wurde die *World Taekwondo Federation* (WTF) gegründet. Seit diesem Zeitpunkt wurde Taekwondo in vielen internationalen Sportgemeinschaften als Mitglied aufgenommen, oder nahm an deren Spielen teil, wie z.B. die Internationale Sport Föderation, die Internationale Militärsportvereinigung, die Panamerikanische Sport Organisation, die Asiatischen Spiele und das Olympische Komitee (IOC).

Im Jahr 1988 nahm Taekwondo an den Olympischen Spielen als Schausport teil. Im Jahr 1994, wurde Taekwondo vom I.O.C. als offizieller Olympischer Sport akzeptiert und im Jahr 2000 wurde in Sydney, Australien, zum ersten Mal ein offizielles Olympisches Teakwondo Turnier durchgeführt.

POOMSE

Poomse (Taekwondo Formen) ist eine vorgeschriebene und vor-arrangierte Folge von Angriffs- und Abwehrtechniken gegen einen imaginären Gegner in einer festgesetzten Form. Für jeden Gürtel oder nächsthöheren Grad muss der Taekwondo-Schüler bestimmte Pflicht-Poomse lernen, meistern und ausführen.

Poomse-Übungen verbessern sowohl die Atmung, die physische Kontrolle, Kraft und Koordination, als auch die Stabilität und das Timing beim Kampf. Der Schüler lernt die verschiedenen Möglichkeiten seine Stärke einzusetzen. Er wählt zum Beispiel zwischen langsamer, stationärer Kraft oder einem schnellen, plötzlichen Angriff. Die ursprüngliche Formen in Taekwondo sind als die „Tae Geuk Serie" bekannt. Tae Geuk heißt übersetzt „Große Ewigkeit". Die Namen der ersten acht Formen der Tae Geuk Serie übernahmen die Bedeutung von alten orientalischen philosophischen Anschauungen und beinhalten die Theorie von Yin und Yang (negative und positive Energie).

Jede der ursprünglichen acht Formen wird durch ein bestimmtes Element symbolisiert:

- Himmel und Universum -Yang (Keon) – Il Jang
- Innere Stärke und äußere Gelassenheit (Tae) – E Jang
- Licht und Feuer (Yi) Sam Jang
- Donner (Jin) – Sa Jan
- Wind (Seon) – Oh Jang
- Wasser (Kam) – Yuk Jang
- Berg (Kan) – Chil Jang
- Erde -Yin (Kon) – Pal Jang

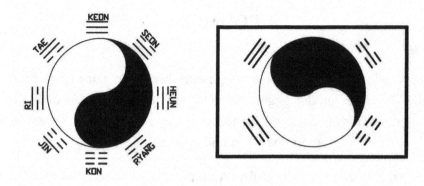

Die nächsten acht Formen beginnen mit Koryo (Formen für den schwarzen Gürtel), und
haben die Bedeutung von Erzählungen aus der Koreanischen Geschichte. Das Symbol
von Tae Geuk ist oben gezeigt (links das alte Symbol und rechts das aktuelle Symbol).
Die zwei Flächen im Kreis bedeuten Yin und Yang in rotierender Form.

EINIGE STELLUNGEN

| Naranhi-seogi (Parallelstellung) | Moa-seogi (geschlossene Stellung) | Pyonhi-seogi (zehenoffene Stellung) | Dwichuk-soa-seogi (Achtungstellung) | Juchum-seogi (Sitzstellung) |

| Apseogi (kurze Stellung) | Apkubi (Vorwärtsstellung) | Dwitkubi (Rückwärts-stellung) | Beom-seogi (Tigerstellung) | Kkoa-seogi (Überkreuz-stellung) |

Wen-seogi
(linke Stellung)

Oreun-seogi
(rechte Stellung)

Hakdari-seogi
(Kranichbein-
stellung)

EINIGE ABWEHRTECHNIKEN

Arae-makki
(Tiefblock)

Olgul-makki
(hoher Block)

Anmakki
(Innenblock)

Sonnal-mok-
chigi
(Handkanten-
schlag)

Hansonal-
momtong-bakkat-
makki
(Mittelsektions-
block mit einer
Handkante)

Sonal-momtong-
makki
(zwei mittige Hand-
kantenblocks)

Bakkat-makki
(Außenblock)

Ap-chigi
(Faustrücken-
schlag)

Mejumok-
naeryo-chigi
(Faustaußen-
seiten-
abwärtsschlag)

Palgup-dollyo-
chigi
(Ellbogenstoß)

Batangson-momtong -
anmakki
(Handballenblock)

Geodeureo-makki
(doppelter Rumpf-
außenblock)

Momtong-baro -
jireugi
(Mittelstoß)

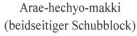

Arae-hechyo-makki
(beidseitiger Schubblock)

17

TAEGUK EL JANG

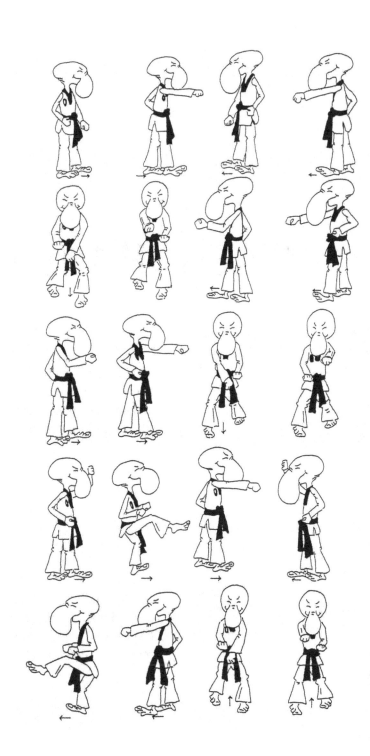

"BUG, 1995"

© Salma Michor,
VBK, Vienna

19

TAEGUK 1 Jang

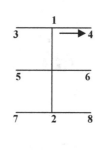

Drehe den Körper 90° nach links (Richtung 4), mit dem linken Fuß in eine kurze Stellung (Apseogi), und führe mit der linken Hand gleichzeitig einen Block aus (Arae-makki).

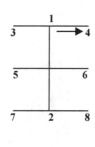

In der gleichen Richtung, setze den rechten Fuß einen Schritt vor in eine kurze Stellung (Apseogi), und mache gleichzeitig einen rechten Fauststoß (Momtong-bandae-jirugi).

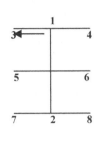

Drehe den Körper 180° nach rechts (Richtung 3), mit dem rechten Fuß in eine kurze Stellung (Apseogi), und führe mit der rechten Hand gleichzeitig einen Block aus (Arae-makki).

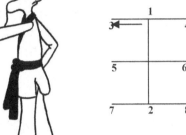

In der gleichen Richtung, setze den linken Fuß einen Schritt vor in eine kurze Stellung (Apseogi), und mache gleichzeitig einen linken Fauststoß (Momtong-bandae-jirugi).

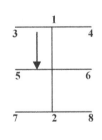

Drehe den Körper 90° nach links (Richtung 2), setze den linken Fuß einen Schritt vor (lange Stellung = Apkubi) und führe gleichzeitig einen linken Tiefblock aus (Arae-makki).

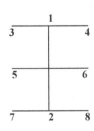

In der gleichen Stellung mit der rechten Hand einen Fauststoß ausführen (Momtong-baro-jirugi).

21

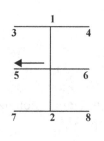

Drehe den Körper 90° nach rechts (Richtung 5), und setze den rechten Fuß einen Schritt vor in eine kurze Stellung (Apseogi). Mit der linken Hand gleichzeitig einen Block nach innen ausführen (Momtong-anmakki).

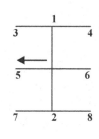

In der gleichen Richtung, setze den linken Fuß einen Schritt vor in eine kurze Stellung (Apseogi) und mache gleichzeitig einen rechten Fauststoß (Momtong-baro-jirugi).

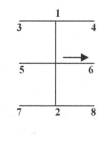

Drehe 180° nach links (Richtung 6), und setze den linken Fuß vor in eine kurze Stellung (Apseogi). Mit der rechten Hand einen Block nach innen ausführen (Momtong-anmakki).

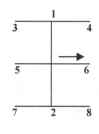

In der gleichen Richtung, setze den rechten Fuß einen Schritt vor in eine rechte kurze Stellung (Apseogi) und mache gleichzeitig einen linken Fauststoß (Momtong-baro-jirugi).

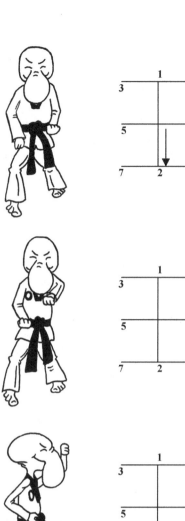

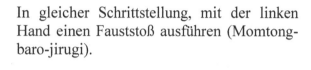

Drehe den Körper 90° nach rechts (Richtung 2) und setze den rechten Fuß einen Schritt vor (Lange Stellung = Apkubi). Gleichzeitig führe einen rechten Block aus (Arae-makki).

In gleicher Schrittstellung, mit der linken Hand einen Fauststoß ausführen (Momtong-baro-jirugi).

Drehe den Körper 90° nach links (Richtung 8), und setze den linken Fuß vor in eine kurze Stellung (Apseogi). Mit dem linken Arm gleichzeitig einen linken Block nach oben ausführen (Olgul-makki).

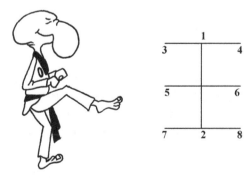

Mit dem rechten Bein einen Apchagi ausführen.

23

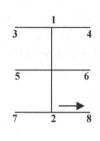

Setze den rechten Fuß auf den Boden in eine kurze Stellung (Apseogi), und mache mit dem rechten Arm einen Fauststoß (Momtong-bandae-jirugi).

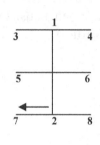

Drehe den Körper 180° nach rechts (Richtung 7), und setze den rechten Fuß vor in eine kurze Stellung (Apseogi). Mit dem rechten Arm einen Block nach oben machen (Olgul-makki).

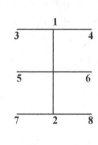

Mit dem linken Bein einen Apchagi ausführen.

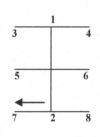

Setze den linken Fuß auf den Boden in eine kurze Stellung (Apseogi), und führe mit dem linken Arm einen Fauststoß aus (Momtong-bandae-jirugi).

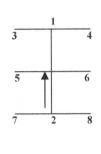

Drehe den Körper 90° nach rechts (Richtung 1), und setze den linken Fuß nach vor in eine lange Stellung (Apkubi). Führe mit dem linken Arm gleichzeitig einen Block aus (Arae-makki).

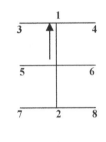

Setze den rechten Fuß einen Schritt vor (Richtung 1), und mache gleichzeitig mit dem rechten Arm einen Fauststoß (Momtong-bandae-jirugi).

KIHAPP!

TAEGUK E JANG

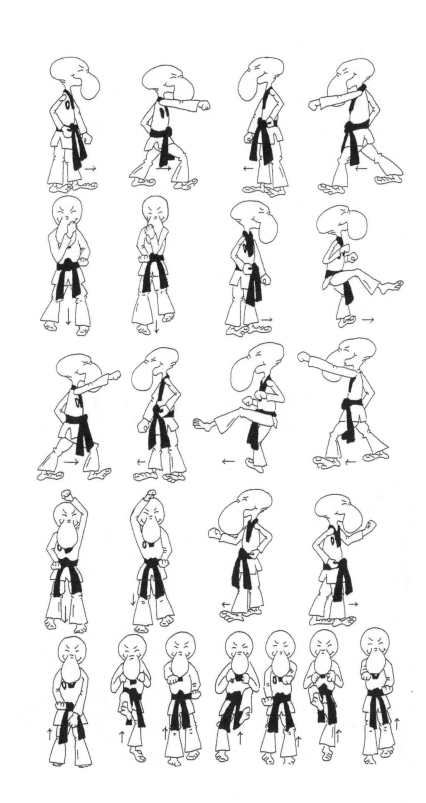

"BUG, 1995"

27

TAEGUK 2 Jang

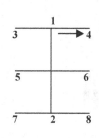

Drehe den Körper 90° nach links (Richtung 4), gehe mit dem linken Fuß in eine kurze Stellung (Apseogi) und führe mit der linken Hand gleichzeitig einen Block aus (Arae-makki).

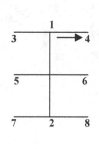

In der gleichen Richtung, setze den rechten Fuß einen Schritt vor in eine lange Stellung (Apkubi) und mache gleichzeitig einen rechten Fauststoß (Momtong-bandae-jirugi).

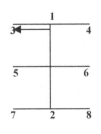

Drehe den Körper 180° nach rechts (Richtung 3), gehe mit dem rechten Fuß in eine kurze Stellung (Apseogi) und führe mit der rechten Hand gleichzeitig einen Block aus (Arae-makki).

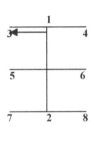

In der gleichen Richtung, setze den linken Fuß einen Schritt vor in eine lange Stellung (Apkubi) und mache gleichzeitig einen linken Fauststoß (Momtong-bandae-jirugi).

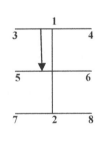

Drehe den Körper 90° nach links (Richtung 2), und setze den linken Fuß einen Schritt vor in eine kurze Stellung (Apseogi), mit der rechten Hand gleichzeitig einen Block nach innen ausführen (Momtong-anmakki).

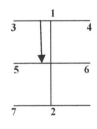

In der gleichen Richtung (2), setze den rechten Fuß einen Schritt vor in eine kurze Stellung (Apseogi) und mache gleichzeitig einen Block mit der linken Hand nach innen (Momtong-anmakki).

 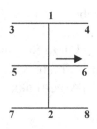

Drehe den Körper 90° nach links (Richtung 6) und setze den linken Fuß einen Schritt vor in eine kurze Stellung (Apseogi). Führe mit der linken Hand gleichzeitig einen Block nach unten aus (Arae-makki).

 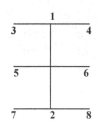

Mit dem rechten Bein einen Apchagi machen.

 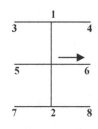

Setze den rechten Fuß auf den Boden in eine lange Stellung (Apkubi) und mache mit dem rechten Arm einen Fauststoß nach oben (Olgul-bandae-jirugi).

 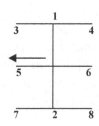

Drehe den Körper 180° nach rechts (Richtung 5), und setze den rechten Fuß vor in eine kurze Stellung (Apseogi). Führe mit der rechten Hand gleichzeitig einen Block nach unten aus (Arae-makki).

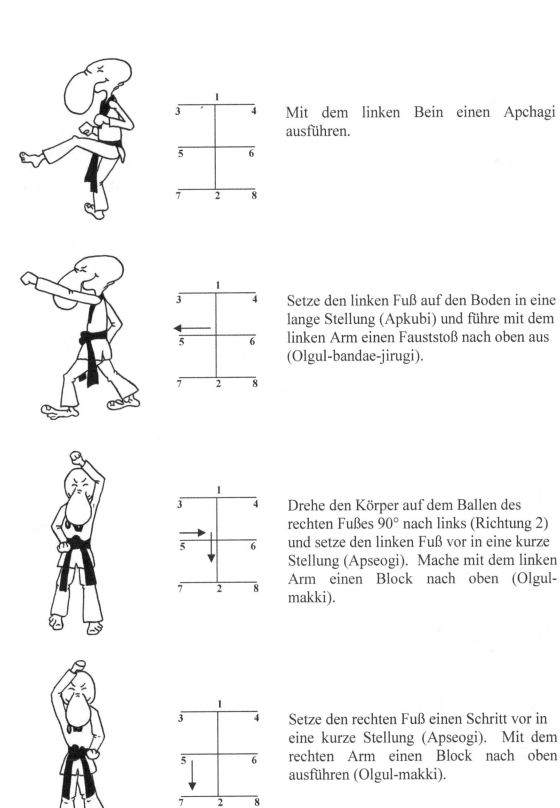

Mit dem linken Bein einen Apchagi ausführen.

Setze den linken Fuß auf den Boden in eine lange Stellung (Apkubi) und führe mit dem linken Arm einen Fauststoß nach oben aus (Olgul-bandae-jirugi).

Drehe den Körper auf dem Ballen des rechten Fußes 90° nach links (Richtung 2) und setze den linken Fuß vor in eine kurze Stellung (Apseogi). Mache mit dem linken Arm einen Block nach oben (Olgul-makki).

Setze den rechten Fuß einen Schritt vor in eine kurze Stellung (Apseogi). Mit dem rechten Arm einen Block nach oben ausführen (Olgul-makki).

 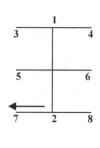 Drehe den Körper auf dem Ballen des rechten Fußes 270° linksherum (in Richtung 7) und setze den linken Fuß einen Schritt vor in eine kurze Stellung (Apseogi). Mache mit dem rechten Arm einen Block nach innen (Momtong-anmakki).

 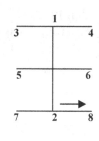 Drehe den Körper 180° nach rechts (Richtung 8) und setze den rechten Fuß einen Schritt vor in eine kurze Stellung (Apseogi). Führe mit dem linken Arm einen Block nach innen aus (Momtong-anmakki).

 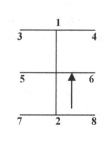 Drehe den Körper 90° nach links (Richtung 1), und setze den linken Fuß vor in eine kurze Stellung (Apseogi). Führe mit dem linken Arm gleichzeitig einen Block nach unten aus (Arae-makki).

 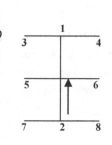 Mit dem rechten Fuß einen Apchagi ausführen.

32

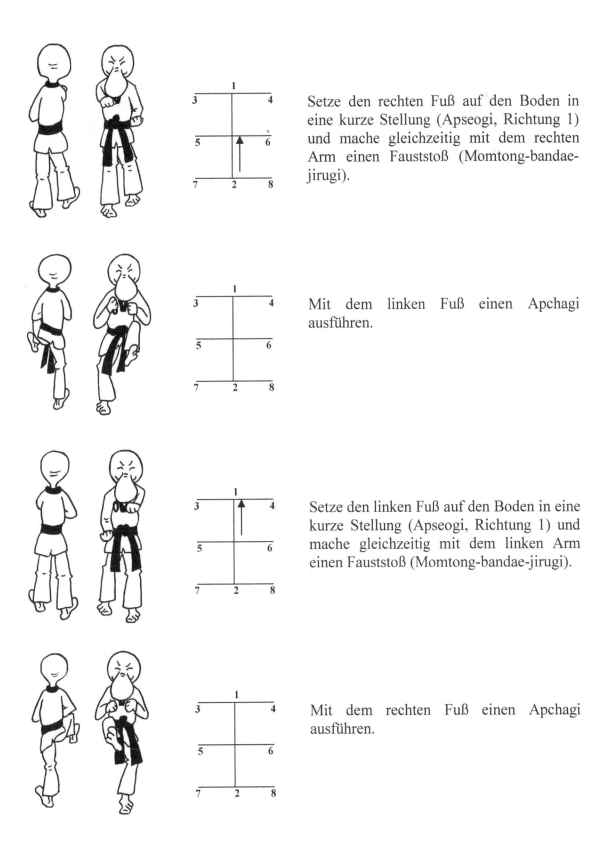

Setze den rechten Fuß auf den Boden in eine kurze Stellung (Apseogi, Richtung 1) und mache gleichzeitig mit dem rechten Arm einen Fauststoß (Momtong-bandae-jirugi).

Mit dem linken Fuß einen Apchagi ausführen.

Setze den linken Fuß auf den Boden in eine kurze Stellung (Apseogi, Richtung 1) und mache gleichzeitig mit dem linken Arm einen Fauststoß (Momtong-bandae-jirugi).

Mit dem rechten Fuß einen Apchagi ausführen.

33

 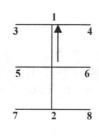

```
        1
3 ──────┼────── 4
        │
        ▲
5 ──────┼────── 6
        │
7   2   │   8
```

Setze den rechten Fuß auf den Boden in eine kurze Stellung (Apseogi, Richtung 1) und mache gleichzeitig mit dem rechten Arm einen Fauststoß (Momtong-bandae-jirugi).

KIHAPP!

TAEGUK SAM JANG

"BUG, 1995"

© Salma
Michor, VBK,
Vienna

35

TAEGUK 3 Jang

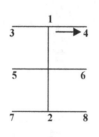

Drehe den Körper nach links (Richtung 4) und setze den linken Fuß vor in eine kurze Stellung (Apseogi). Führe mit der linken Hand gleichzeitig einen Block aus (Arae-makki).

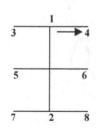

Mit dem rechten Bein einen Apchagi ausführen.

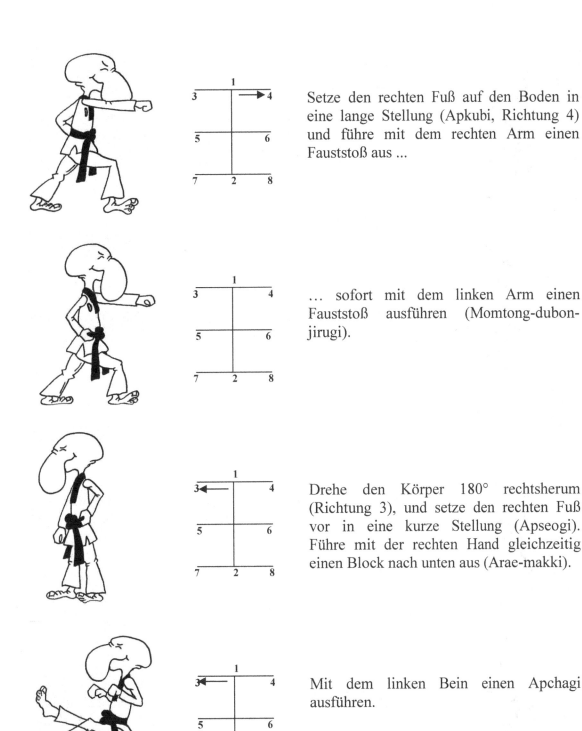

Setze den rechten Fuß auf den Boden in eine lange Stellung (Apkubi, Richtung 4) und führe mit dem rechten Arm einen Fauststoß aus ...

... sofort mit dem linken Arm einen Fauststoß ausführen (Momtong-dubonjirugi).

Drehe den Körper 180° rechtsherum (Richtung 3), und setze den rechten Fuß vor in eine kurze Stellung (Apseogi). Führe mit der rechten Hand gleichzeitig einen Block nach unten aus (Arae-makki).

Mit dem linken Bein einen Apchagi ausführen.

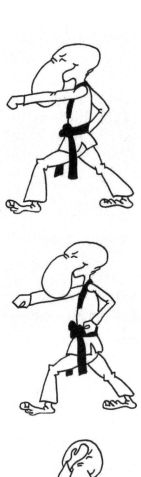

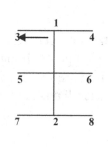

Setze den linken Fuß auf dem Boden in eine lange Stellung (Apkubi, Richtung 3) und führe mit dem linken Arm einen Fauststoß aus …

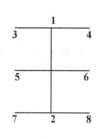

… sofort mit dem rechten Arm einen Fauststoß ausführen (Momtong-dubon-jirugi).

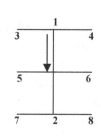

Drehe den Körper 90° nach links (Richtung 2) und setze den linken Fuß vor in eine kurze Stellung (Apseogi). Mit dem rechten Arm gleichzeitig einen Handkantenschlag ausführen (Oreun-sonnal-mockchigi).

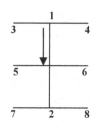

Setze den rechten Fuß einen Schritt vor (gleiche Richtung) in eine kurze Stellung (Apseogi) und führe mit dem linken Arm gleichzeitig einen Handkantenschlag aus (Wen-sonnal-mockchigi).

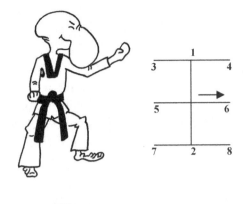

Drehe den Körper 90° nach links (Richtung 6) und setze den linken Fuß vor in eine hintere Stellung (Oreun-dwitkubi). Mit dem linken Arm gleichzeitig einen Handkantenblock nach außen ausführen (Wen-hansonnal-momtong-bakkat-makki).

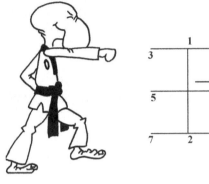

Schiebe den linken Fuß vor (Richtung 6, Apkubi Stellung) und mache gleichzeitig mit dem rechten Arm einen Fauststoß (Momtong-baro-jirugi).

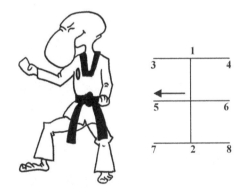

Drehe den Körper 180° rechtsherum (Richtung 5) und setze den rechten Fuß vor in eine hintere Stellung (Wen-dwitkubi). Mit dem rechten Arm gleichzeitig einen Handkantenblock nach außen ausführen (Oreun-hansonnal-momtong-bakkat-makki).

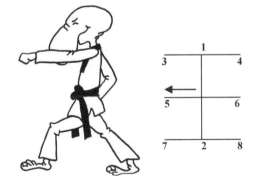

Schiebe den rechten Fuß vor (Richtung 5, Apkubi Stellung) und mache gleichzeitg einen Fauststoß mit dem linken Arm (Momtong-baro-jirungi).

39

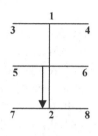

Drehe den Körper 90° linksherum (Richtung 2) und setze den linken Fuß vor in eine kurze Stellung (Apseogi). Mit dem rechten Arm gleichzeitig einen Block nach innen ausführen (Momtong-anmakki).

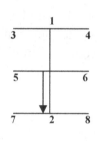

Setze den rechten Fuß vor (gleiche Richtung) in eine kurze Stellung (Apseogi) und führe gleichzeitig mit dem linken Arm einen Block nach innen aus (Momtong-anmakki).

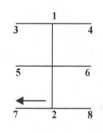

Drehe den Körper auf dem Ballen des rechten Fußes 270° linksherum und setze den linken Fuß vor (Richtung 7) in eine kurze Stellung (Apseogi). Mit dem linken Arm gleichzeitig einen Tiefblock ausführen (Area-makki).

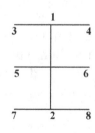

Mit dem rechten Bein einen Apchagi ausführen.

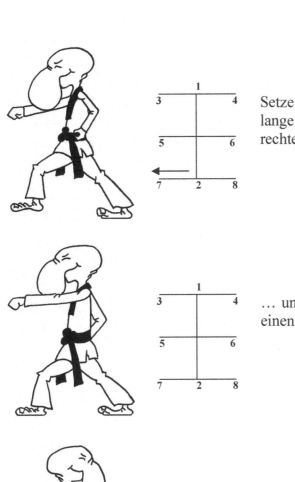

Setze den rechten Fuß auf den Boden in eine lange Stellung (Apkubi) und führe mit dem rechten Arm einen Fauststoß aus …

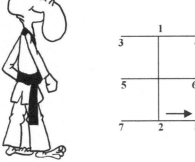

… und führe dann sofort mit dem linken Arm einen Fauststoß aus (Momtong-dubon-jirugi).

Drehe den Körper auf dem Ballen des linken Fußes um 180° rechtsherum (in Richtung 8) und setze den rechten Fuß vor in eine kurze Stellung (Apseogi). Führe mit dem rechten Arm gleichzeitig einen Tiefblock aus (Area-makki).

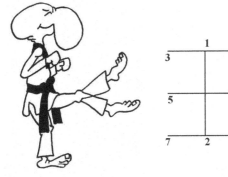

Führe mit dem linken Bein einen Apchagi aus.

41

Setze den linken Fuß auf den Boden in eine lange Stellung (Apkubi) und führe mit dem linken Arm einen Fauststoß aus …

… und führe dann sofort mit dem rechten Arm einen Fauststoß aus (Momtong-dubon-jirugi).

Drehe den Körper 90° linksherum (in Richtung 1) und setze den linken Fuß nach vorne in eine kurze Stellung (Apseogi). Mache gleichzeitig mit dem linken Arm einen Tiefblock (Arae-makki)…

… und führe dann sofort mit dem rechten Arm einen Fauststoß aus (Momtong-baro-jirugi).

42

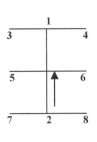

Setze den rechten Fuß einen Schritt vor in eine kurze Stellung (in Richtung 1) und mache mit dem rechten Arm einen Tiefblock (Arae-makki) ...

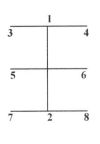

... und führe dann sofort mit dem linken Arm einen Fauststoß aus (Momtong-barojirugi).

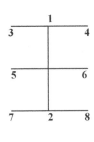

Führe mit dem linken Bein einen Apchagi aus.

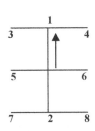

Setze den linken Fuß auf den Boden in eine kurze Stellung (Apseogi) und führe mit dem linken Arm gleichzeitig einen Tiefblock aus (Arae-makki) ...

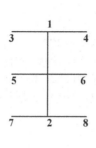

... und führe dann sofort mit dem rechten Arm einen Fauststoß aus (Momtong-baro-jirugi).

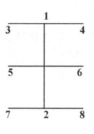

Führe mit dem rechten Bein einen Apchagi aus.

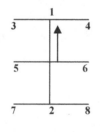

Setze den rechten Fuß auf den Boden in eine kurze Stellung (Apseogi) und mache mit dem rechten Arm einen Tiefblock (Arae-makki) ...

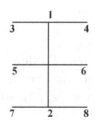

... und führe dann sofort mit dem linken Arm einen Fauststoß aus (Momtong-baro-jirugi).

KIHAPP!

TAEGUK SA JANG

"BUG, 1995"

© Salma Michor, VBK, Vienna

TAEGUK 4 Jang

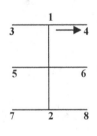

Drehe den Körper 90° nach links (Richtung 4) und setze den linken Fuß einen Schritt vor in eine hintere Stellung (Oreun-dwitkubi). Mache gleichzeitig einen Doppelhandkantenblock (Sonnal-momtong-makki).

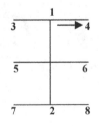

Setze den rechten Fuß einen Schritt vor (gleiche Richtung) in eine lange Stellung (Oreun-apkubi). Führe gleichzeitig einen linken Handballenblock und einen rechten Fingerspitzenstoß aus (Nullo-makki und Oreun-pyeonsonkeut-seweo-chireugi).

 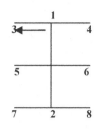 Drehe den Körper 180° rechtsherum (in Richtung 3) in eine hintere Stellung (Wen-dwitkubi) und mache gleichzeitig einen Doppel-Handkantenblock (Sonnal-momtong-makki).

 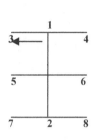 Setze den linken Fuß einen Schritt vor (gleiche Richtung) in eine lange Stellung (Wen-apkubi). Führe gleichzeitig einen rechten Handballen-block und einen Fingerspitzenstoß aus (Nullo-makki und Wen-pyeonsonkeut-seweo-chireugi).

 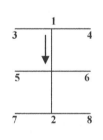 Drehe den Körper 90° links (Richtung 2) und setze den linken Fuß vor in eine lange Stellung (Wen-apkubi). Mache gleichzeitig einen linken Handkantenblock nach oben und einen rechten Handkantenschlag in Höhe des Halses (Jebipum-mok-chigi).

 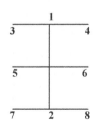 Mit dem rechten Bein einen Apchagi ausführen.

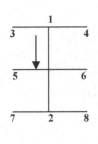

Setze den rechten Fuß auf den Boden in eine lange Stellung (Oreun-apkubi) und führe gleich-zeitig einen linken Fauststoß aus (Momtomg-baro-jirgui).

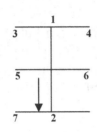

Mache mit dem linken Fuß einen Seitwärts-fußstoß (Wen-yop-chagi).

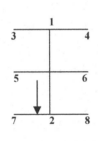

Setze den linken Fuß auf den Boden und mache mit dem rechten Fuß einen Seitwärtsfußstoß (Oreun-yop-chagi).

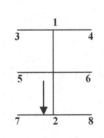

Setze den rechten Fuß auf den Boden in eine hintere Stellung (Wen-dwitkubi) und mache gleichzeitig einen Doppel-Handkantenblock (Sonnal-momtong-makki).

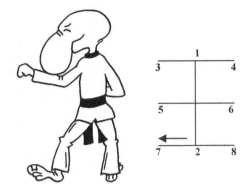

Drehe auf dem Ballen des rechten Fußes 270° linksherum (in Richtung 7) und setze den linken Fuß in eine hintere Stellung (Oreun-dwitkubi). Führe zugleich mit dem linken Arm einen Unterarm-Außenblock aus (Momtong-bakkat-makki).

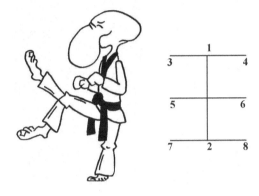

Mit dem rechten Bein einen Apchagi ausführen.

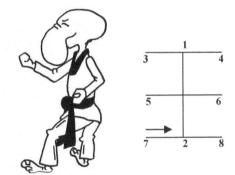

Setze das rechte Bein zurück in eine hintere Stellung (Oreun-dwitkubi) und schiebe gleichzeitig das linke Bein zurück. Führe mit dem rechten Arm einen Unterarm-Mittelblock nach innen aus (Momtong-anmakki).

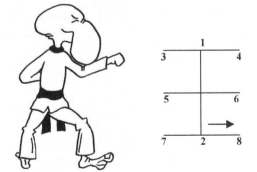

Drehe den Körper 180° rechtsherum in eine hintere Stellung (Wen-dwitkubi, Richtung 8) und mache gleichzeitig mit dem rechten Arm einen Unterarm-Mittelblock nach außen (Momtong-bakkat-makki).

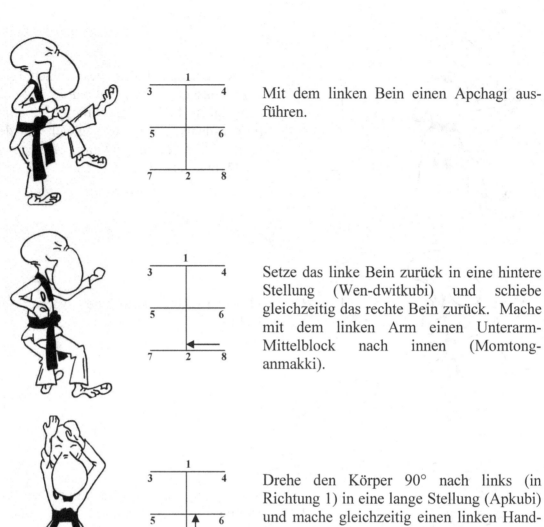

Mit dem linken Bein einen Apchagi ausführen.

Setze das linke Bein zurück in eine hintere
Stellung (Wen-dwitkubi) und schiebe
gleichzeitig das rechte Bein zurück. Mache
mit dem linken Arm einen Unterarm-
Mittelblock nach innen (Momtong-
anmakki).

Drehe den Körper 90° nach links (in
Richtung 1) in eine lange Stellung (Apkubi)
und mache gleichzeitig einen linken Hand-
kantenblock nach oben und einen rechten
Handkantenschlag in Höhe des Halses
(Jebipum-mok-chigi).

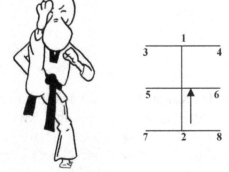

Mit dem rechten Bein einen Apchagi ausführen.

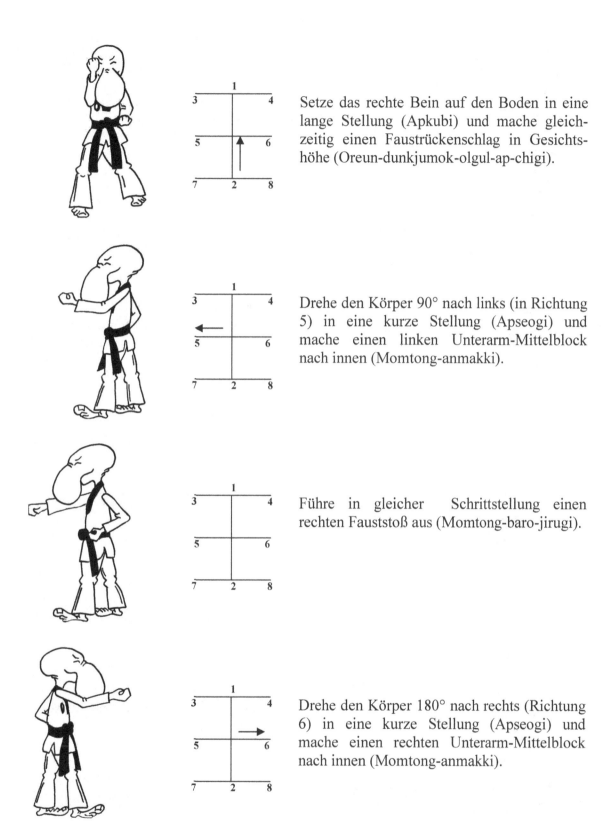

Setze das rechte Bein auf den Boden in eine lange Stellung (Apkubi) und mache gleichzeitig einen Faustrückenschlag in Gesichtshöhe (Oreun-dunkjumok-olgul-ap-chigi).

Drehe den Körper 90° nach links (in Richtung 5) in eine kurze Stellung (Apseogi) und mache einen linken Unterarm-Mittelblock nach innen (Momtong-anmakki).

Führe in gleicher Schrittstellung einen rechten Fauststoß aus (Momtong-baro-jirugi).

Drehe den Körper 180° nach rechts (Richtung 6) in eine kurze Stellung (Apseogi) und mache einen rechten Unterarm-Mittelblock nach innen (Momtong-anmakki).

51

 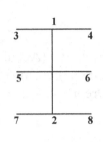

In der gleichen Stellung mache einen linken Fauststoß (Momtong-baro-jirugi).

 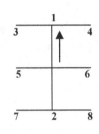

Drehe den Körper auf dem Ballen des rechten Fußes 90° linksherum (in Richtung 1) in eine lange Stellung (Wen-Apkubi). Führe mit dem linken Arm einen Block nach innen aus (Momtong-makki).

 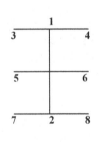

In der gleichen Position mache einen rechten Fauststoß …

 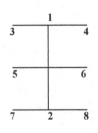

… und folge sofort mit einem linken Fauststoß nach (Momtong-dubon-jirugi).

52

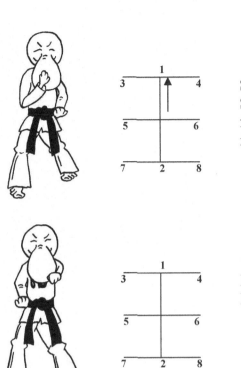

Setze den rechten Fuß vor in eine lange Stellung (Apkubi, wieder in Richtung 1) und führe gleichzeitig einen rechten Block nach innen aus (Momtong-makki).

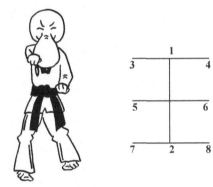

In der gleichen Position mache mit links einen Fauststoß …

… und sofort mit einem rechten Fauststoß nachfolgen (Momtong-dubon-jirugi).

KIHAPP!

TAEGUK OH JANG

"BUG, 1995"

© Salma Michor, VBK, Vienna

TAEGUK 5 Jang

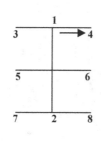

Drehe den Körper 90° nach links (in Richtung 4) mit dem linken Fuß in eine lange Stellung (Apkubi) und führe mit dem linken Arm gleichzeitig einen Tiefblock aus (Araemakki).

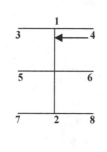

Schiebe den linken Fuß zurück und richte den Körper auf in eine offene Stellung (Wensogi). Führe gleichzeitig die linke Faust vor dem Körper in einem Faustbodenschlag (Wen-mejumok-naeryo-chigi).

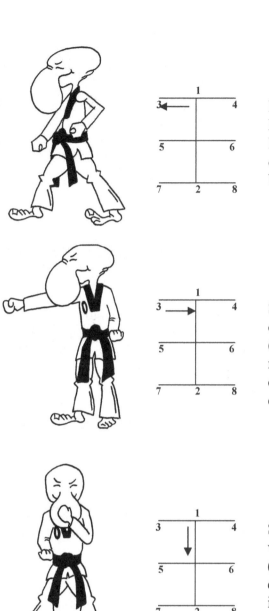

Drehe den Körper 180° nach rechts (in Richtung 3) mit dem rechten Bein in einer langen Stellung (Apkubi) und führe mit dem rechten Arm gleichzeitig einen Tiefblock aus (Arae-makki).

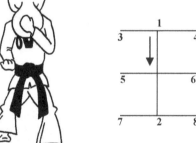

Schiebe den rechten Fuß zurück und richte den Körper in eine offene Stellung auf (Oreun-sogi). Führe zugleich mit der rechten Faust einen Faustbodenschlag vor dem Körper aus (Oreun-mejumok-naeryo-chigi).

Setze den linken Fuß einen Schritt nach vorne (in Richtung 2) in eine lange Stellung (Wen-apkubi) und führe gleichzeitig mit dem linken Arm einen Mittelblock nach innen aus (Momtong-makki) …

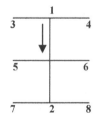

… und führe dann sofort mit dem rechten Arm einen Block nach innen aus (Momtong-anmakki).

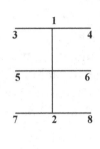

Mache einen rechten Apchagi in der gleichen Richtung (2).

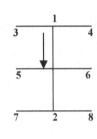

Setze den rechten Fuß auf den Boden in eine lange Stellung (Apkubi) und führe gleichzeitig einen rechten Faustrückenschlag in Kopfhöhe aus (Oreundungjumok-ap-chigi) …

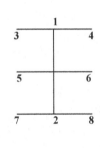

… und führe dann sofort mit dem linken Arm einen Mittelblock nach innen aus (Momtong-anmakki).

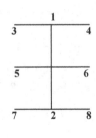

Mit dem linken Bein einen Apchagi ausführen.

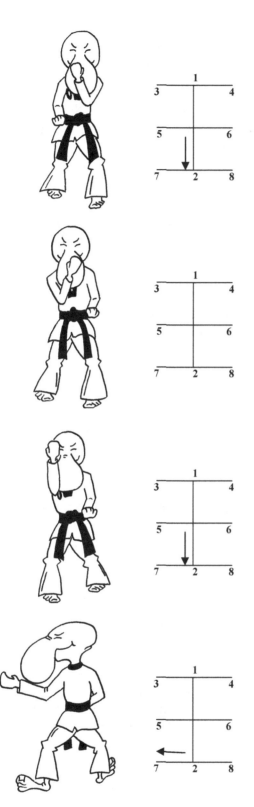

Setze den linken Fuß auf den Boden in eine lange Stellung (Apkubi, in Richtung 2) und führe zugleich einen linken Faustrücken-schlag in Kopfhöhe aus (Wen-dungjumok-ap-chigi) …

… und dann sofort mit dem rechten Arm einen Mittelblock nach innen ausführen (Momtong-anmakki).

Setze den rechten Fuß (wieder in Richtung 2) einen Schritt in eine lange Stellung vor (Apkubi) und führe gleichzeitig einen rechten Faustrückenschlag in Kopfhöhe aus (Oreun-dungjumok-ap-chigi).

Drehe den Körper auf dem Ballen des rechten Fußes 270° linksherum (Richtung 7) und setze den linken Fuß einen Schritt vor in eine hintere Stellung (Oreun-dwitkubi). Mache zugleich mit der linken Hand einen Handkantenblock nach außen (Wen-hansonnal-bakkat-makki).

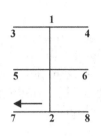

Schiebe den rechten Fuß einen Schritt vor in eine lange Stellung (Oreun-apkubi), setze gleichzeitig eine linke Messer-Hand auf die rechte Faust und mache einen rechten Ellbogenschlag (Oreun-palgup-dollyo-chigi).

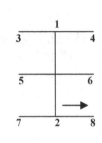

Drehe den Körper auf dem Ballen des linken Fußes 180° nach rechts in eine linke hintere Stellung (Richtung 8, Wen-dwitkubi). Mache gleichzeitig einen rechten Handkantenblock nach außen (Oreun-hansonnal-bakkat-makki).

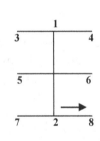

Schiebe den linken Fuß einen Schritt vor in eine lange Stellung (Wen-apkubi), setze gleichzeitig eine rechte Messer-Hand auf die linke Faust und mache einen linken Ellbogenschlag (Wen-palgup-dollyo-chigi).

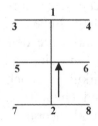

Drehe den Körper auf dem Ballen des rechten Fußes 90° linksherum (in Richtung 1) in eine linke lange Stellung (Wen-apkubi) und mache gleichzeitig mit links einen Tiefblock (Arae-makki) …

 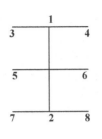 ... sofort einen rechten Mittelblock nach innen ausführen (Momtong-anmakki).

 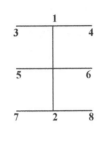 Mache mit den linken Fuß auf dem Boden, einen rechten Apchagi.

 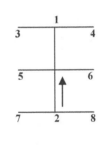 Setze den rechten Fuß auf dem Boden in eine lange Stellung (Oreun-apkubi) und mache gleichzeitig mit rechts einen Tiefblock (Arae-makki) ...

 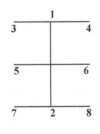 ... und führe dann sofort einen linken Mittelblock nach innen aus (Momtong-anmakki).

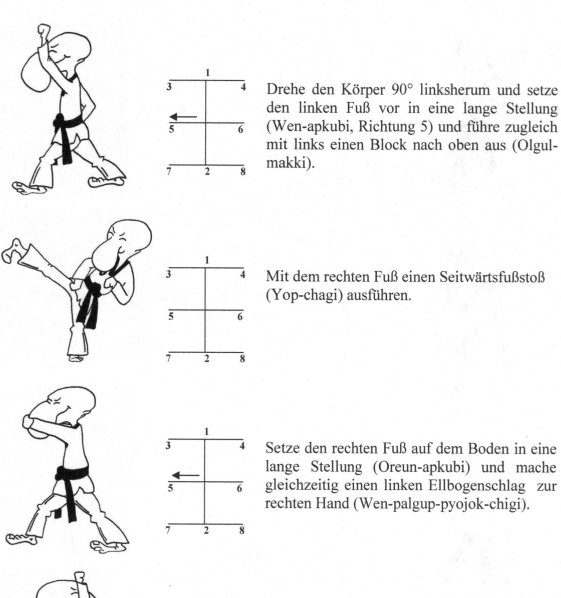

Drehe den Körper 90° linksherum und setze den linken Fuß vor in eine lange Stellung (Wen-apkubi, Richtung 5) und führe zugleich mit links einen Block nach oben aus (Olgul-makki).

Mit dem rechten Fuß einen Seitwärtsfußstoß (Yop-chagi) ausführen.

Setze den rechten Fuß auf dem Boden in eine lange Stellung (Oreun-apkubi) und mache gleichzeitig einen linken Ellbogenschlag zur rechten Hand (Wen-palgup-pyojok-chigi).

Drehe den Körper 180° rechtsherum und setze den rechten Fuß in eine lange Stellung nach vorne (Oreun-apkubi, in Richtung 6). Gleichzeitig einen rechten Block nach oben ausführen (Olgul-makki).

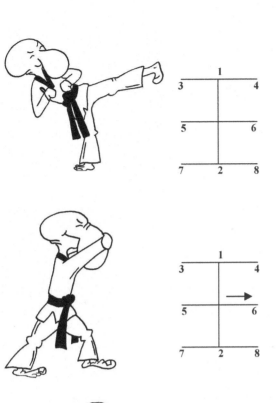

Mit dem linken Bein einen Seitwärtsfußstoß (Yop-chagi) ausführen.

 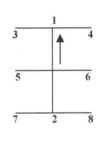

Setze den linken Fuß auf den Boden in eine lange Stellung (Wen-apkubi) und mache gleichzeitig einen rechten Ellbogenschlag zur linken Hand (Oreun-palgup-pyojok-chigi).

Drehe den Körper 90° links (Apkubi, Richtung 1) und mache gleichzeitig einen linken Tiefblock (Arae-makki) …

 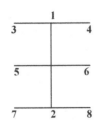

… und dann sofort einen rechten Mittel-block nach innen ausführen (Momtong-anmakki).

 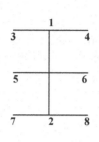

Mache einen rechten Apchagi ...

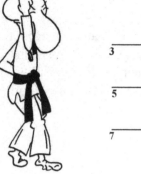 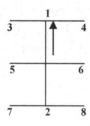

... dann sofort einen Sprung nach vorne und lande in einer rechten Kreuzstellung (Dwikkoaseogi). Gleichzeitig einen rechten Faustrückenschlag in Kopfhöhe ausführen (Oreun-dungjumok-ap-chigi).

KIHAPP!

TAEGUK YUK JANG

"BUG, 1995"

© Salma
Michor, VBK,
Vienna

TAEGUK 6 Jang

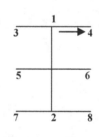

Drehe den Körper 90° nach links (in Richtung 4) mit dem linken Fuß in eine lange Stellung (Apkubi) und führe mit der linken Hand gleichzeitig einen Tiefblock aus (Arae-makki).

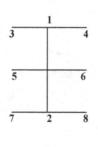

Mache mit dem linken Fuß auf dem Boden einen rechten Apchagi.

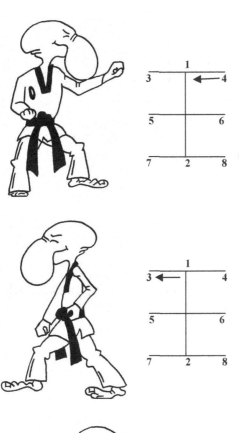

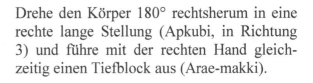

Setze den rechten Fuß zurück auf den Boden in eine rechte hintere Stellung (Oreundwitkubi) und führe gleichzeitig mit dem linken Arm einen Mittelblock nach außen aus (Momtong-bakkat-makki).

Drehe den Körper 180° rechtsherum in eine rechte lange Stellung (Apkubi, in Richtung 3) und führe mit der rechten Hand gleichzeitig einen Tiefblock aus (Arae-makki).

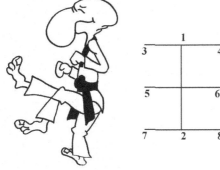

Mache mit dem rechten Fuß auf dem Boden einen linken Apchagi.

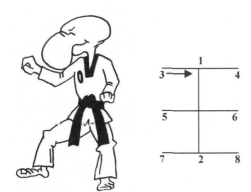

Setze den linken Fuß auf den Boden zurück in eine linke hintere Stellung (Wendwitkubi) und führe gleichzeitig mit rechts einen Mittelblock nach außen aus (Momtong-bakkat-makki).

 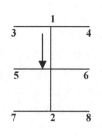

Drehe den Körper auf dem Ballen des rechten Fußes 90° nach links (in Richtung 2) und setze den linken Fuß vor in eine lange Stellung (Apkubi). Mache gleichzeitig mit rechts einen Handkantenblock nach außen (Oreun-hansonnal-bitureo-makki).

 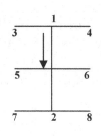

Mache mit dem rechten Fuß einen Drehkick (Oreun-olgul-dollyo-chagi).

 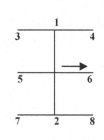

Setze den rechten Fuß kurz auf den Boden und setze dann den linken Fuß vor in eine lange Stellung (Apkubi, in Richtung 6). Führe gleichzeitig einen linken Block nach oben aus (Olgul-bakkat-makki) …

 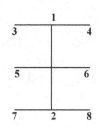

… und folge dann sofort mit einem rechten Fauststoß nach (Momtong-baro-jirugi).

Mit dem linken Fuß auf dem Boden, führe einen rechten Apchagi aus.

Setze den rechten Fuß auf den Boden (in Richtung 6) in eine lange Stellung (Apkubi) und führe gleichzeitig einen linken Fauststoß aus (Momtong-baro-jirugi).

Drehe den Körper 180° rechtsherum (in Richtung 5) in eine rechte lange Stellung (Apkubi) und mache zugleich einen rechten Block nach oben (Olgul-bakkat-makki) …

… sofort mit einem linken Fauststoß nachfolgen (Momtong-baro-jirugi).

69

Mit dem rechten Fuß auf dem Boden, führe einen linken Apchagi aus.

Setze den linken Fuß auf den Boden (in Richtung 5) in eine lange Stellung (Apkubi) und führe gleichzeitig einen rechten Fauststoß aus (Momtong-baro-jirugi).

Drehe den Körper 90° linksherum (Richtung 2) in eine offene Stellung (Naranhi-seogi, in Richtung 2) und mache mit beiden Armen ...

... ganz langsam, mit innerer Kraft, einen Kreuzblock nach unten (Arae-hechyo-makki).

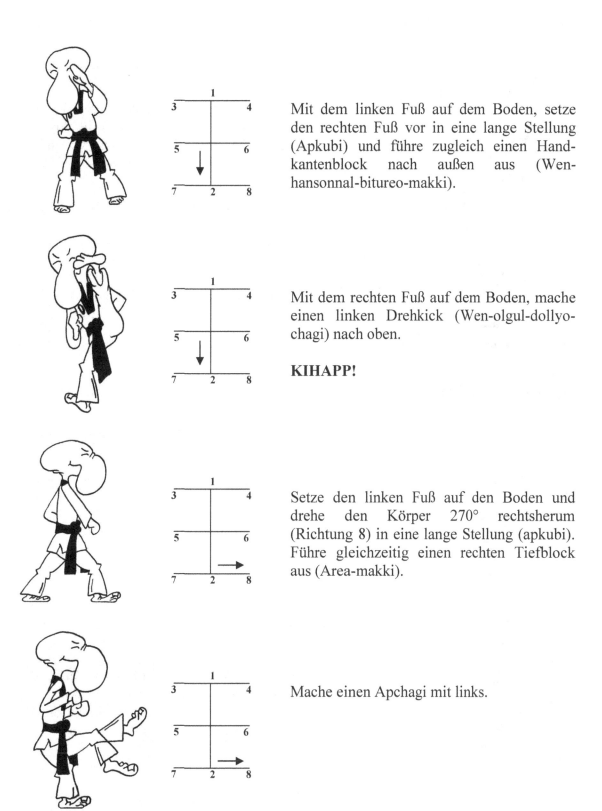

Mit dem linken Fuß auf dem Boden, setze den rechten Fuß vor in eine lange Stellung (Apkubi) und führe zugleich einen Handkantenblock nach außen aus (Wenhansonnal-bitureo-makki).

Mit dem rechten Fuß auf dem Boden, mache einen linken Drehkick (Wen-olgul-dollyo-chagi) nach oben.

KIHAPP!

Setze den linken Fuß auf den Boden und drehe den Körper 270° rechtsherum (Richtung 8) in eine lange Stellung (apkubi). Führe gleichzeitig einen rechten Tiefblock aus (Area-makki).

Mache einen Apchagi mit links.

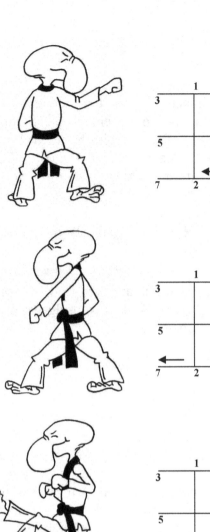

Setze den linken Fuß zurück auf den Boden in eine hintere Stellung (Wen-dwitkubi) und führe gleichzeitig einen rechten Mittelblock nach außen aus (Momtong-bakkat-makki).

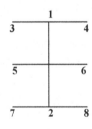

Drehe den Körper 180° linksherum in eine linke lange Stellung (Apkubi, in Richtung 7), und führe gleichzeitig einen linken Tiefblock aus (Arae-makki).

Mache einen Apchagi mit rechts.

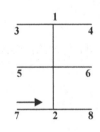

Setze den rechten Fuß zurück auf den Boden in eine hintere Stellung (Oreun-dwitkubi) und führe gleichzeitig einen linken Mittelblock nach außen aus (Momtong-bakkat-makki).

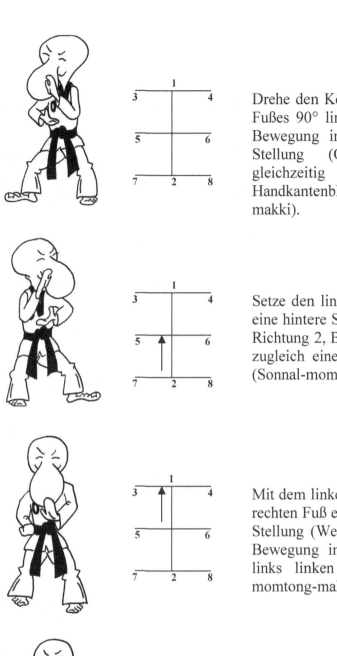

Drehe den Körper auf dem Ballen des linken Fußes 90° linksherum (Blick in Richtung 2, Bewegung in Richtung 1) in eine hintere Stellung (Oreun-dwitkubi) und führe gleichzeitig einen beidhändigen Handkantenblock aus (Sonnal-momtong-makki).

Setze den linken Fuß einen Schritt zurück in eine hintere Stellung (Wen-dwitkubi, Blick in Richtung 2, Bewegung Richtung 1) und führe zugleich einen Doppel-Handkantenblock aus (Sonnal-momtong-makki).

Mit dem linken Fuß auf dem Boden setze den rechten Fuß einen Schritt zurück in eine lange Stellung (Wen-apkubi, Blick in Richtung 2, Bewegung in Richtung 1) und mache mit links linken Handballenblock (Batangson-momtong-makki) …

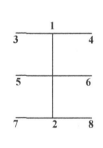

… sofort mit einem rechten Fauststoß nachfolgen (Momtong-baro-jirugi).

73

 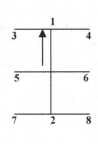 Mit dem rechten Fuß auf dem Boden setze den linken Fuß einen Schritt zurück in eine lange Stellung (Oreun-apkubi, der Blick in Richtung 2, Bewegung in Richtung 1) und mache mit rechts einen Handballenblock (Batangson-momtong-makki) …

 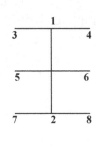 … sofort mit einem linken Fauststoß nachfolgen (Momtong-baro-jirugi).

TAEGUK CHIL JANG

"BUG, 1995"

© Salma
Michor, VBK,
Vienna

75

TAEGUK 7 Jang

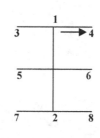

Drehe den Körper 90° nach links (in Richtung 4) in eine linke Tiger-Stellung (Wen-bomsogi) und führe zugleich mit der rechten Hand einen Mittel-Handballenblock aus (Batangson-momtong-anmakki).

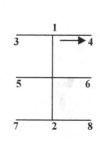

Mit dem linken Fuß auf dem Boden, führe einen rechten Apchagi aus.

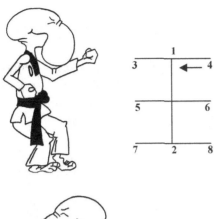

Setze den rechten Fuß zurück in eine linke Tiger-Stellung (Wen-bomsogi) und führe gleichzeitig einen linken Mittelblock nach innen aus (Momtong-makki).

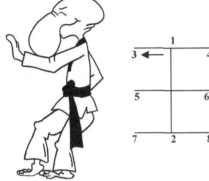

Drehe den Körper 180° nach rechts (Richtung 3), in eine rechte Tiger-Stellung (Oreun-bomsogi) und führe gleichzeitig einen linken Mittel-Handballenblock aus (Batangson-momtong-anmakki).

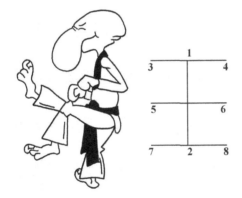

Mit dem rechten Fuß auf dem Boden, mache einen linken Apchagi.

Setze den linken Fuß zurück in eine rechte Tiger-Stellung (Oreun-bomsogi) und führe gleichzeitig einen rechten Mittelblock nach innen aus (Momtong-makki).

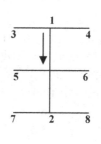

Drehe den Körper 90° linksherum in eine rechte hintere Stellung (Oreun-dwitkubi) und mache gleichzeitig einen Doppel-Handkantenblock nach unten (Sonnal-arae-makki).

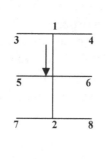

Setze den rechten Fuß vor (linke hintere Stellung) und mache zugleich einen Doppel-Hand-kantenblock nach unten (Sonnal-arae-makki).

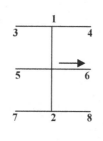

Drehe den Körper 90° linksherum (in Richtung 6) in eine linke Tiger-Stellung (Wen-bomsogi) und mache einen rechten Handballenblock. Schiebe zugleich die linke Faust unter den rechten Ell-bogen (Batangson-momtong-guduro-anmakki).

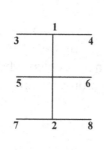

In der gleichen Position mache mit rechts einen hohen Faustrückenschlag (Oreun-deungjumeok-olgul-apchigi).

78

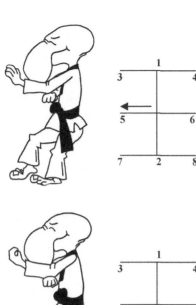

Drehe den Körper 180° rechtsherum (in Richtung 5) in eine rechte Tiger-Stellung (Oreun-bomsogi) und mache einen linken Handballenblock. Schiebe zugleich die rechte Faust unter den linken Ellbogen (Batangson-momtong-guduro-anmakki).

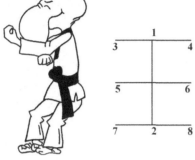

In derselben Position mache einen linken hohen Faustrückenschlag (Wen-deungjumeok-olgul-ap-chigi).

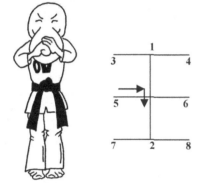

Ziehe den linken Fuß an den rechten und richte den Körper auf (Richtung 2). Gleichzeitig setze die linke Handfläche an die rechte Faust und bringe beide Hände langsam in Gesichtshöhe (Moaseogi, Bo-jumok).

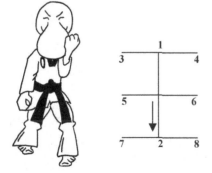

Setze den linken Fuß einen Schritt vor in eine lange Stellung (Apkubi) und mache gleichzeitig einen linken Mittelblock nach außen und einen rechten Tiefblock (Wen-palmok-momtong-makki sowie Oreun-palmok-arae-makki = Gawi-makki) …

79

 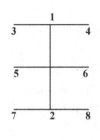

... sofort mit einem rechten Mittelblock nach außen und einem linken Tiefblock nachfolgen (Oreun-palmok-momtong-makki sowie Wen-palmok-arae-makki = Gawi-makki).

 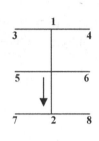

Setze den rechten Fuß einen Schritt vor in eine lange Stellung (Apkubi) und mache zugleich mit rechts einen Mittelblock nach außen und mit links einen Tiefblock (Oreun-palmok-momtong-makki und Wen palmok-arae-makki = Gawi-makki) ...

 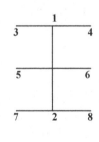

... und folge dann sofort mit einem linken Mittel-block nach außen und einem rechten Tiefblock nach (Wen-palmok-momtong-makki und Oreun-palmok-arae-makki = Gawi-makki).

 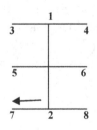

Drehe den Körper 270° linksherum (in Richtung 7) in eine linke lange Stellung (Wen-apkubi) und führe gleichzeitig einen Doppel-block mit beiden Händen nach außen aus (Momtong-hechyo-makki).

80

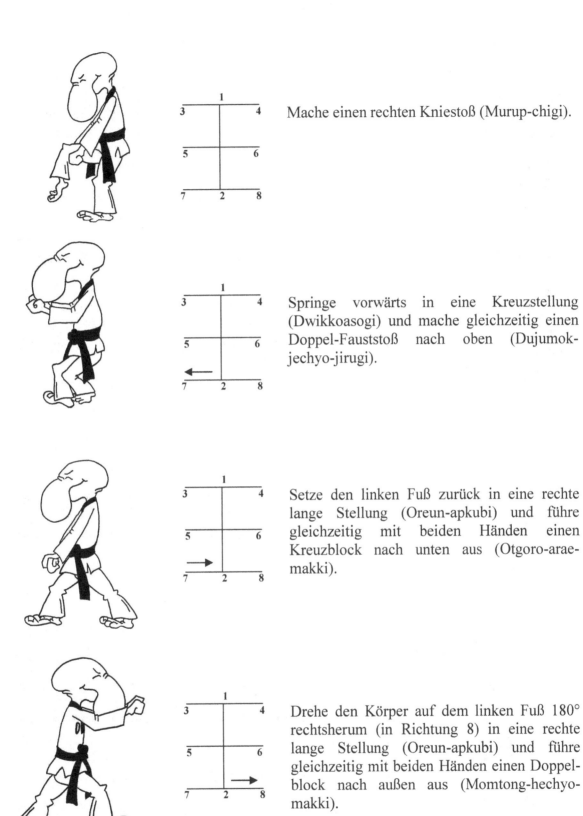

Mache einen rechten Kniestoß (Murup-chigi).

Springe vorwärts in eine Kreuzstellung (Dwikkoasogi) und mache gleichzeitig einen Doppel-Fauststoß nach oben (Dujumok-jechyo-jirugi).

Setze den linken Fuß zurück in eine rechte lange Stellung (Oreun-apkubi) und führe gleichzeitig mit beiden Händen einen Kreuzblock nach unten aus (Otgoro-arae-makki).

Drehe den Körper auf dem linken Fuß 180° rechtsherum (in Richtung 8) in eine rechte lange Stellung (Oreun-apkubi) und führe gleichzeitig mit beiden Händen einen Doppelblock nach außen aus (Momtong-hechyo-makki).

81

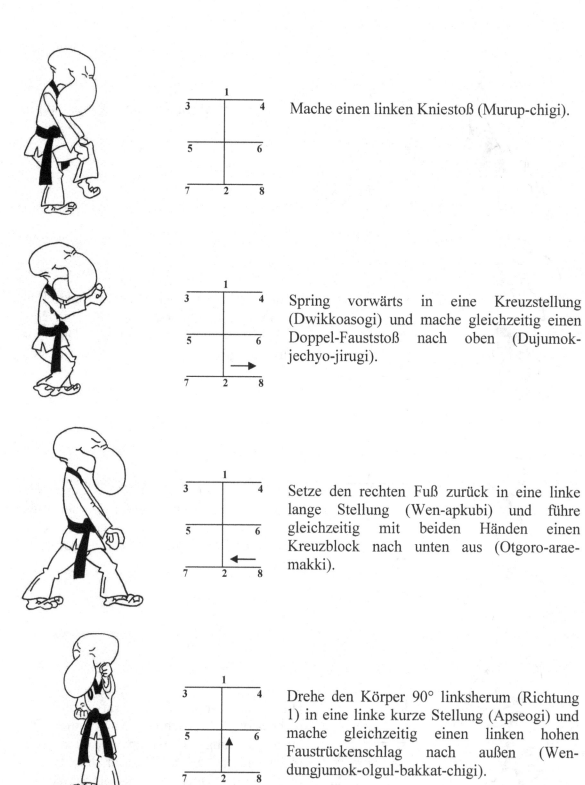

Mache einen linken Kniestoß (Murup-chigi).

Spring vorwärts in eine Kreuzstellung (Dwikkoasogi) und mache gleichzeitig einen Doppel-Fauststoß nach oben (Dujumok-jechyo-jirugi).

Setze den rechten Fuß zurück in eine linke lange Stellung (Wen-apkubi) und führe gleichzeitig mit beiden Händen einen Kreuzblock nach unten aus (Otgoro-arae-makki).

Drehe den Körper 90° linksherum (Richtung 1) in eine linke kurze Stellung (Apseogi) und mache gleichzeitig einen linken hohen Faustrückenschlag nach außen (Wen-dungjumok-olgul-bakkat-chigi).

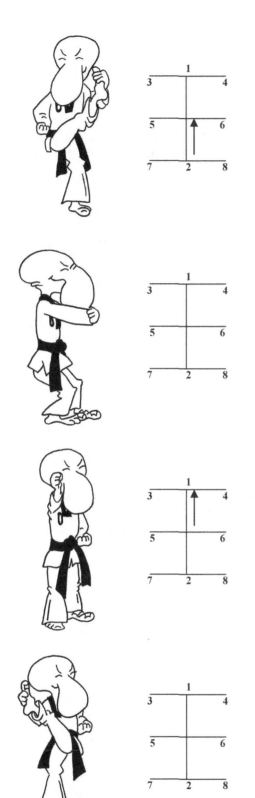

Mache einen rechten Fußsohlenschlag zur Handfläche der linken Hand (Oreun-pyojok-chagi).

Setze den rechten Fuß auf den Boden in eine Seitwärtsstellung (Juchum-sogi) und mache mit rechts einen Ellbogenschlag zur linken Handfläche (Oreun-palgup-pyojok-chigi).

Ziehe den linken Fuß nach in eine rechte kurze Stellung (Apseogi) und mache gleichzeitig einen rechten hohen Faustrückenschlag nach außen (Oreun-dungjumok-olgul-bakkat-chigi).

Führe mit dem linken Fuß einen Fußsohlen-schlag zur Handfläche der rechten Hand aus (Wen-pyojok-chagi).

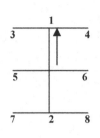

Setze den linken Fuß auf den Boden in eine Seitwärts-Stellung (Juchum-sogi) und mache mit links einen Ellbogenschlag zur rechten Handfläche (Wen-palgup-pyojok-chigi).

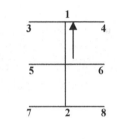

In der gleichen Position mache einen linken Mittel-Handkantenblock nach außen (Wen-hansonnal-momtong-yop-makki).

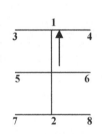

Setze den rechten Fuß vor in eine Seitwärts-Stellung (Juchum-sogi) und führe mit der rechten Hand einen Fauststoß zur Seite aus (Oreun-momtong-yop-jireugi).

KIHAPP!

TAEGUK PAL JANG

"BUG, 1995"

© Salma
Michor,
VBK,
Vienna

TAEGUK 8 Jang

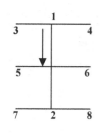

Setze den linken Fuß einen Schritt vor in eine hintere Stellung (Oreun-dwitkubi, in Richtung 2) und führe zugleich einen linken Mittelblock nach außen aus (Geodeureo-bakkat-makki). Schütze mit der rechten Faust den „Solar Plexus".

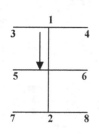

Schiebe den linken Fuß vorwärts in eine lange Stellung (Apkubi) und mache mit dem linken Arm einen Fauststoß (Momtong-baro-jirugi).

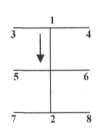

Springe in die Luft und führe gleichzeitig einen Doppel-Apchagi aus (Dobal-dangsong-apchagi).

KIHAPP!

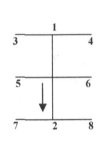

Lande in einer linken langen Stellung (Wen-apkubi) und mache mit dem linken Arm einen Block nach innen (Momtong-makki) …

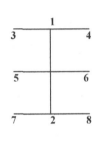

… folge sofort mit einem rechten Fauststoß nach …

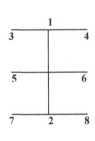

… und führe dann schnell einen linken Fauststoß aus (Momtong-dubon-jirugi).

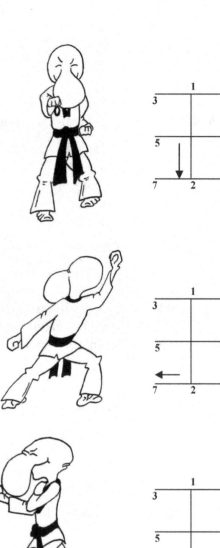

Setze den rechten Fuß einen Schritt vor (Richtung 2) in eine lange Stellung (Apkubi) und führe einen rechten Fauststoß aus (Momtong-bandae-jirugi).

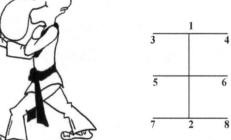

Drehe mit dem rechten Fuß auf dem Boden den Körper 270° linksherum (in Richtung 7) in eine rechte lange Stellung (Oreun-apkubi) und führe gleichzeitig einen rechten Hochblock nach außen und einen linken Tiefblock aus (Oesantal-makki).

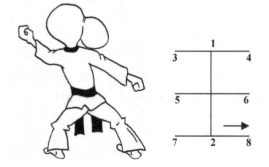

In derselben Position ändere die Stellung zu einer linken langen Stellung (Wen-apkubi, wieder in Richtung 7) und führe einen rechten Aufwärtshaken aus. Bringe gleichzeitig den linken Arm langsam zur Schulter (Oreun-danggyo-tok-jireugi).

Setze den linken Fuß zurück in eine X-Stellung (jetzt in Richtung 8), schiebe dann den rechten Fuß vor in eine linke lange Stellung (Wen-apkubi) und führe gleichzeitig einen linken Hochblock nach außen und einen rechten Tiefblock aus (Oesantal-makki).

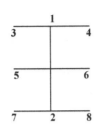

In derselben Position ändere die Stellung zu einer rechten langen Stellung (Oreun-apkubi, Richtung 8), führe einen linken Aufwärtshaken aus und bringe zugleich den rechten Arm langsam zur Schulter (Wen-danggyo-tok-jireugi).

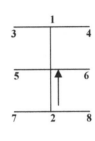

Drehe den Körper 90° linksherum (Blick in Richtung 2, Bewegung in Richtung 1) in eine rechte hintere Stellung (Oreun-dwitkubi) und führe gleichzeitig einen Doppel-Handkantenblock aus (Sonnal-momtog-makki).

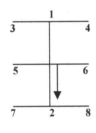

Schiebe den linken Fuß vorwärts in eine linke lange Stellung (Wen-Apkubi, in Richtung 2) und mache schnell einen rechten Fauststoß (Momtong-baro-jirugi).

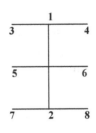

Mache einen rechten Apchagi.

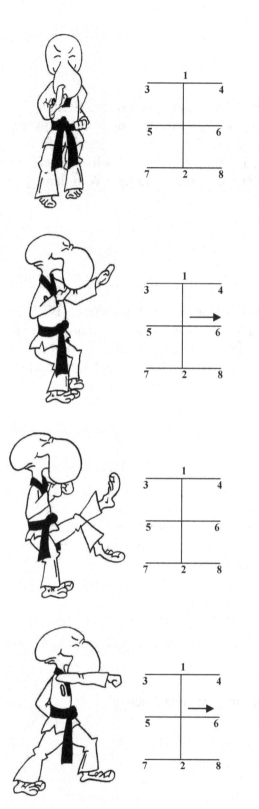

Bringe das rechte Bein zurück in die frühere Position und setze den linken Fuß einen Schritt zurück in eine rechte Tiger-Stellung (Oreun-bomsogi). Führe gleichzeitig einen rechten Mittel-Handballenblock aus (Oreun-Batangson-momtong-makki).

Drehe den Körper 90° linksherum (Richtung 6) in eine linke Tiger-Stellung (Wen-bomsogi) und mache zugleich einen Doppel-Handkantenblock (Sonnal-momtong-makki).

Führe einen linken Apchagi aus).

Setze den linken Fuß auf den Boden in eine lange Stellung (Wen-apkubi) und mache schnell einen rechten Fauststoß (Momtong-baro-jirugi).

90

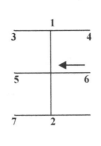

Schiebe den linken Fuß zurück in eine linke Tiger-Stellung (Wen-bomsogi) und führe mit der linken Hand schnell einen Mittel-Handballenblock aus (Batangson-momtong-makki).

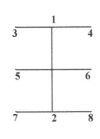

Drehe den Körper 180° rechtsherum (in Richtung 5) in eine rechte Tiger-Stellung (Oreun-bomsogi) und mache zugleich einen Doppel-Handkantenblock (Sonnal-momtong-makki).

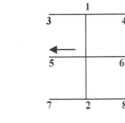

Führe einen rechten Apchagi aus (wieder in Richtung 5).

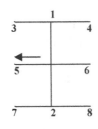

Setze den rechten Fuß auf den Boden in eine lange Stellung (Oreun-apkubi) und mache schnell einen linken Fauststoß (Momtong-baro-jirugi).

91

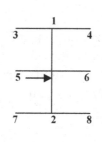

Schiebe den rechten Fuß in eine rechte Tiger-Stellung zurück (Oreun-bomsogi) und führe mit rechts schnell einen Mittel-Handballenblock aus (Batangson-momtong-makki).

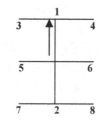

Drehe den Körper 90° rechtsherum (in Richtung 1) in eine linke hintere Stellung (Wen-dwitkubi) und mache gleichzeitig einen rechten Tiefblock (Arae-makki). Die linke Faust schützt den „Solar Plexus" (Geodeureo-arae-makki).

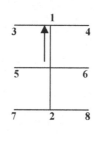

Führe mit links eine Apchagi aus.

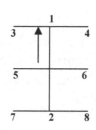

Springe in die Luft und mache gleichzeitig einen Apchagi mit rechts.

KIHAPP!

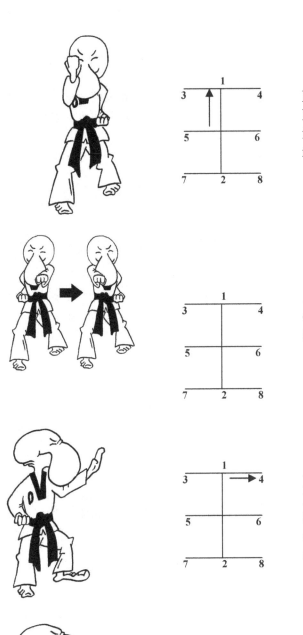

Lande mit dem rechten Fuß in einer langen Stellung (Oreun-apkubi) und führe mit dem rechten Arm einen Block nach innen aus (Momtong-makki) …

… sofort mit einem linken, dann mit einem rechten Fauststoß nachfolgen (Momtong-dubeon-jirugi).

Drehe den Körper 270° linksherum (in Richtung 4) in eine rechte hintere Stellung (Oreun-dwitkubi) und mache einen linken Mittel-Handkantenblock (Hansonnal-momtong-bakkat-makki).

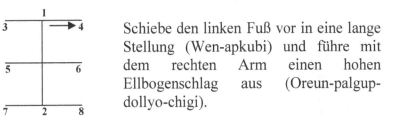

Schiebe den linken Fuß vor in eine lange Stellung (Wen-apkubi) und führe mit dem rechten Arm einen hohen Ellbogenschlag aus (Oreun-palgup-dollyo-chigi).

93

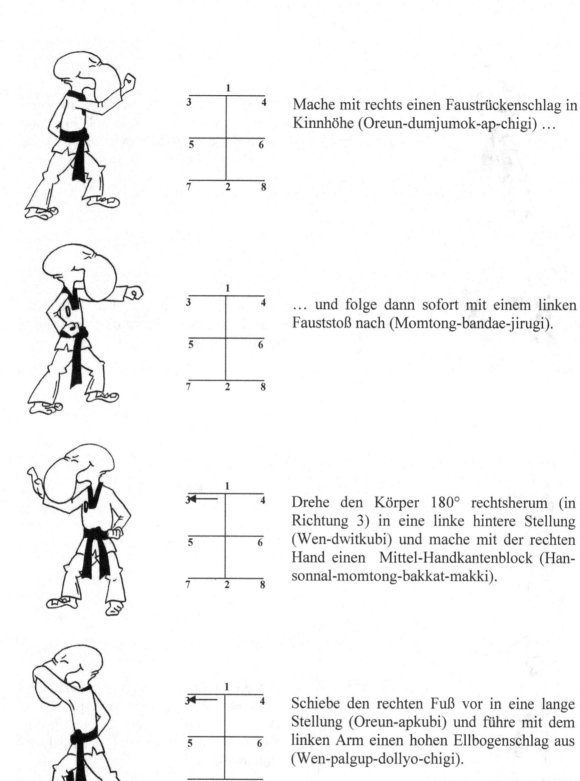

Mache mit rechts einen Faustrückenschlag in Kinnhöhe (Oreun-dumjumok-ap-chigi) …

… und folge dann sofort mit einem linken Fauststoß nach (Momtong-bandae-jirugi).

Drehe den Körper 180° rechtsherum (in Richtung 3) in eine linke hintere Stellung (Wen-dwitkubi) und mache mit der rechten Hand einen Mittel-Handkantenblock (Han-sonnal-momtong-bakkat-makki).

Schiebe den rechten Fuß vor in eine lange Stellung (Oreun-apkubi) und führe mit dem linken Arm einen hohen Ellbogenschlag aus (Wen-palgup-dollyo-chigi).

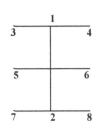

Mache mit links einen Faustrückenschlag in Höhe des Kinns (Wen-dumjumok-apchigi) …

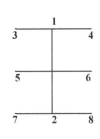

… und folge dann sofort mit einem rechten Fauststoß nach (Momtong-bandae-jirugi).

EPILOGUE

Nach vielen Jahren harten Trainings wurde aus Bug ein erfahrener Taekwondo-Kämpfer und Trainer. Bug nahm an zahlreichen nationalen und internationalen Turnieren teil und konnte viele Kämpfe für sich entscheiden. Bug konnte in alle Richtungen kicken und schlagen und seine Technik ständig weiterentwickeln!!

Als Taekwondo-Meister entschloss sich Bug seine eigene Kampfschule zu eröffnen und trainiert jetzt in Wien Kinder und auch Erwachsene in Taekwondo!

LITERATUR

1. Cho, Hee Il: The Complete Tae Geuk Hyung, WTF, USA, 1988.

2. Kim, Jeong Rok: Taekwondo, Basic Techniques & Taeguek poomse, Vol. I., Seo Lim P.Co., Korea, 1986.

3. Kukkiwon: Taekwondo Textbook. Kukkiwon Ed. Korea, O-Sung Publishing Co. 1997.

4. Lee, Kyong Myong: Richtig Taekwondo (Die Kunst der Unbewaffneten Selbstverteidigung), 1987.

5. Yeon, Hee Park: Yeon, Hwan Park, Jon Gerrad: Taekwondo, The Ultimate Reference Guide to the World's Most popular Martial Art. Facts on file, Inc. USA 1989.

6. Ikpil, Kang and Namjung Song: The Explanation of official Taekwondo Poomse, Sang-A Publishing Company, 2008.